AF235628

Memories

Kate Heyn

Memories

Kate Heyn

Bibliografische Information der Deutschen Nationalbibliothek: Die Deutsche Nationalbibliothek verzeichnet diese Publikation in der Deutschen Nationalbibliografie; detaillierte bibliografische Daten sind im Internet über http://dnb.dnb.de abrufbar.

© 2022 Kate Heyn

Text, Satz & Layout: Kate Heyn
Fotografien & Cover: Kate Heyn
Herstellung und Verlag:
BoD – Books on Demand, Norderstedt

ISBN: 978-3-756-22488-3

„Was wäre das Leben,
wenn wir keinen Mut hätten,
etwas zu versuchen?"

Vincent van Gogh

EINLEITUNG

Als ich ein kleines Mädchen war, hatte ich großes Vergnügen am Lesen. Kein Buch war vor mir sicher. Kein Buch war mir zu dick. Ich fand es herrlich, ein Buch in der Hand zu halten und darin zu lesen, Seite für Seite. Jedes Buch enthielt eine neue, interessante Geschichte. So kam es, dass eines Tages ein Buch mit Gedichten meine Aufmerksamkeit erweckte. Dieses Buch war anders. Es enthielt keine Geschichte, die im Fließtext geschrieben war, es enthielt viele kurze Geschichten in Reimform. Besonders gut gefiel mir, dass sich die einzelnen Verse reimten. Das kannte ich bis dahin nicht. Vielleicht faszinierte mich diese Form der Geschichtenerzählung deshalb so sehr, weil sie für mich neu und recht außergewöhnlich war.

Inspiriert von den herrlich klingenden Gedichten, habe ich dann angefangen, zu besonderen Familienereignissen, eigene Gedichte zu schreiben. Sehr zur Freude meiner Familie. An ein Gedicht erinnere ich mich dabei besonders. Mein Großvater hat in seiner Schulzeit Sütterlin gelernt. Sütterlin ist eine alte Schrift, die heutzutage kaum noch Verwendung findet. Daher war es mir ein besonderes Anliegen, ihm ein Gedicht in Sütterlin zu schreiben, um ihm damit eine Freude zu bereiten. Mit den Jahren habe ich dann damit begonnen, nicht nur zu freudigen Familienereignissen Gedichte zu schreiben, sondern auch zu mitunter traurigen Anlässen, die mich tief bewegt haben.

Im vorliegenden Buch habe ich eine Auswahl meiner Gedichte zusammengestellt. Wie ich meinen Notizbüchern entnehmen kann, habe ich erst im Jahr 1990 damit begonnen, meine Gedichte aufzuschreiben. Mittlerweile sind es über einhundert Gedichte. Es handelt sich dabei um Gedichte, die mich besonders berührt und mich scheinbar, wie ich beim Lesen in meinen Notizbüchern letztlich feststellen konnte, durch keine besonders unbeschwerte Zeit in meinem Leben begleitet haben. Es sind für mich zudem Erinnerungen an längst vergangene Zeiten, die nicht nur schlecht gewesen sind. Auch wenn einige Gedichte möglicherweise diesen Eindruck erwecken sollten. Denn glücklicherweise sind nach einigen Schicksalsschlägen in den vergangenen Jahrzehnten neue, bereichernde Ereignisse in meinem Leben hinzu gekommen. So hatte ich das Glück, einige traumhafte Reisen unternehmen zu dürfen. Dies alles spiegelt sich letztlich auch in meinen neueren Gedichten, die ab dem Jahr 2001 entstanden sind, wider. Die abgebildeten Fotografien sind alle während der Reisen entstanden.

DIE GEDANKEN SCHWEIFEN

Die Gedanken schweifen in die Ferne,

ob sie dort ihr Glück bald finden?

Es gibt unendlich viele Sterne,

aber an welchen wird dein Herz sich binden?

Und die Jahre ziehen ins Land.

Bald muss ich mich entscheiden,

weil ich zwei Sterne fand.

Eine Entscheidung lässt sich nicht vermeiden.

Und die Gedanken, sie sind so fern.

und kleben an zwei Stern´.

MOND

Es naht die Nacht,

der Mond leuchtet am Himmelszelt.

Oh, welche Macht

er hat auf dieser Welt!

Ich sitze hier im Dunkeln,

ganz weh wird´s mir ums Herz,

wenn ich sehe die Sterne funkeln.

Da kommt er wieder dieser Schmerz!

Wie kann ich ihn nur überwinden?

Ich kann nur daran denken.

Vielleicht ein Gegenmittel finden?

Und ich weiß, da oben wird jemand mein Leben
lenken.

DIE FRAU VOM STRAND

Ich sitze hier am Strand,

da liegt eine Frau neben mir im Sand.

Die ist weiß wie eine Wand,

in der Zeitung vom Stand

steht etwas über einen Schiffsbrand,

nur der Kapitän rettete sich an Land.

Oh, die Frau neben mir hat jetzt einen Sonnenbrand.

Die bräuchte dringend einen kühlen Verband.

Aber die ist nicht mehr ganz bei Verstand,

weil sie plötzlich in der Sauna verschwand!

JULI

Im Juli nur heiße Tage

und Sonne ohne Frage.

Der Himmel ist blau,

die Wolken sind weiß.

Die Katze macht „miau"

und der Hund bellt leis´.

Das nächste Gedicht ist eine Verarbeitung des Theaterstücks „Ghetto" von Joshua Sobol, welches ich zuvor im Staatstheater gesehen hatte.

WARUM? DARUM!?

Bilder ziehen an mir vorbei,

setzen sich fest, sind mir scheinbar nicht einerlei.

Der Vorhang fällt. Applaus!

Das Stück ist aus.

Später im Stillen, kommen die Bilder wieder.

Die Augen werden feucht, langsam kullern Tränen und fallen leise hernieder.

Immer mehr. Schwer werden die Augenlider.

Und dann diese quälenden Fragen:

Warum konnte es nicht anders kommen? Warum musste das sein?

Kennt einer die Antwort? Kann sie mir bitte einer sagen?

Alles bleibt stumm. Oh, wie gemein!

Warum? Warum?

Warum? Darum!

Das, ist eine Antwort. Eine des Nichtverstehens.

Viele verstummen, andere leben weiter, als wäre nichts geschehen,

aber es gibt Leute, die waren dabei, die haben es gesehen!

Die können nicht vergessen!

Die Opfer, denn die Täter, die waren wie besessen!

Egal was passiert,

es wurde pariert.

FREIE GEDANKEN

Ich bin allein,

wie soll das sonst auch anders sein?

Ich fühl´ mich sehr befreit,

nieder mit der Traurigkeit!

Mein Leben geht weiter.

Ich bin so heiter.

Eine sehr schwere Last ist von mir genommen,

ich habe meine Freiheit wiederbekommen!

Ich habe jetzt mehr Zeit für meine Interessen,

und kann dabei das Alte vergessen!

Nun bin ich so froh und ausgelassen,

und kann es selbst kaum fassen.

Die letzten zehn Monate waren eine Last,

ich glaube, ich habe in dieser Zeit viel verpasst!

Zehn kostbare Monate meines Lebens,

ja, sie waren vergebens.

Ein schnelles Ende kam mit purem Egoismus
und mit Lügen.

Wie kann man einen Menschen nur so
enttäuschen und betrügen?

Aber dann das Verschweige´,

oh man, war das feige!

Was soll ich mit einem Feigling?

Auch wenn alles gar nicht feige anfing.

Ich genieße mein neues Leben ohne Rast,

ohne Lügen und der schweren Last.

Zur Erinnerung

an Tina (1983 – 1996)

WIESO NUR, WIESO?

Wieso ging plötzlich alles so schnell? – das frag´
ich mich noch jetzt.

Diese Ungewissheit, diese Qual und vor allem
Angst, alles hat mich sehr verletzt!

Wir haben uns vertraut,

aufeinander gebaut!

Warum musstest du gehen?

Ich kann das nicht verstehen.

Du fehlst mir sehr.

Mein Herz ist schon ganz schwer!

Die Tränen fallen leise aufs Papier,

warum bist du nicht hier?

Du warst meine treueste Seele auf dieser Welt,

auf der es mir ohne dich nicht mehr gefällt.

Da ist plötzlich eine Leere in mir,

das war anders mit dir!

Deine Nähe hat mir Kraft gegeben,

Kraft für ein besseres Leben.

Nur ein Blick von dir hat gereicht,

und ich war erweicht.

Ich konnte dir nie böse sein,

immer dir verzeih´n.

Nie werde ich die Stunden vergessen,

die wir in meinem Zimmer gesessen.

Warum hast du es nicht geschafft?

Das hab´ ich nie gerafft.

Zweimal haben wir es überwunden

und das hat uns sicherlich mehr verbunden.

Aber das dritte Mal hast du aufgegeben,

oder ich konnte dich nicht mehr beleben?

Ich kenne den Grund nicht,

aber das Ende war wie ein Schlag ins Gesicht.

Ich hoffe, es geht dir gut, wo du jetzt bist!

Du wirst von mir sehr vermisst!

Manch´ schöne Stunde haben wir zusammen verbracht,

oft bis tief in die Nacht.

Wir verstanden uns auch ohne viele Worte,

waren eben von einer Sorte!

Ein Teil von mir ist mit dir gegangen,

aber ich will ihn nicht wieder einfangen.

Nein, er bleibt bei dir!

Dafür hab´ ich einen Teil von dir in mir!

Dieser Teil wird in mir weiterleben,

denn es wird keinen Ersatz für dich geben!

Ich werde dich nie vergessen, mein ganzes Leben,

vielleicht wird es ja ein Wiederseh´n geben?

WARUM?

Nun bin ich ganz allein,

aber muss das so sein?

Du hast mich verlassen

und ich kann das immer noch nicht fassen!

Ich hatte schon eine Ahnung

oder war es eine Mahnung?

Das Ende kam überraschend,

nach deiner Seele haschend.

Plötzlich war alles in mir so leer,

als ob gar nichts geschehen wär´!

Nur die Erinnerung ist mir geblieben,

alles andere habe ich vertrieben.

Neun Jahre, ein halbes Leben,

hast du uns gegeben.

Ich danke dir für eine schöne Zeit,

die wir zusammen verweilt´!

Das konnte ich dir leider nicht mehr selber sagen,

aber ich darf nicht verzagen.

Das Leben geht ja weiter.

Wer weiß, vielleicht werde ich ja irgendwann
wieder heiter?

Ich trage nun schwarz, die Farbe der Trauer

und das von Dauer.

Ich verberge meinen Kummer,

spiele lieber eine Nummer.

Sie wollen, dass ich wieder fröhlich bin,

aber das kommt mir nicht in den Sinn!

Wie auch, wenn ich mit meinen Gedanken bei
dir bin?

Niemand kann mich so recht verstehen,

aber ich muss meinen eigenen Weg gehen!

Ich trage dein Bild immer bei mir,

kann mich nicht lösen von dir.

Ich wünschte, du wärst hier,

hier, bei mir !

Ich fühle mich so einsam auf dieser Welt,

die mir ohne dich so gar nicht gefällt!

Der Eine kommt, der Andere geht.

So, wie der Wind die Zeit verweht!

Die Wunde heilt mit der Zeit,

aber im Moment bin ich noch nicht bereit!

Der Schmerz sitzt so tief,

da alles so anders verlief!

Die Tränen kullern, leise und immer wieder,

das macht mich ganz nieder.

Es fällt mir doch schwer zu lachen

und faxen zu machen.

Ich ziehe mich lieber zurück in die Einsamkeit,

denn ich bin noch nicht bereit!

Wie soll das gehen?

Oder will mich niemand verstehen?

Leben und Tod,

Wasser und Brot.

Warum leben und dann sterben?

Damit die Anderen erben!

Sie erben unser Wissen und unsere Macht,

damit wird dann weiter gedacht.

Auch ich habe viel Zeit damit verbracht,

und über Leben und Tod nachgedacht!

Langsam senkt sich die Nacht,

aber ganz leise und sacht.

Dann sehe ich die Sterne,

dort oben, in der Ferne.

Einer gehört nur uns allein,

und dort sind wir wieder verein´.

Ich muss so oft an dich denken,

will meine Gedanken nicht in andere Richtungen lenken!

Und damit Zeit verschwenden!

Meine Gedanken sind immer bei dir,

warum bist du nicht hier?

FINSTERNIS

Finster ist es, nur eine Kerze erhellt den Raum.

Sie spendet Wärme und unmerklich Licht,

so dass es nicht mehr ganz so finster ist.

Ich merke das kaum,

ich spüre die Wärme nicht,

aber das ist es, was ich habe vermisst.

Aber keine Angst, das ist nur ein Traum,

er versperrt nur die Sicht,

auf das, was die Wahrheit ist.

Verzeiht, ich kann es eben nicht lassen,

und einen fröhlichen Gedanken fassen.

Es ist zwar schon über einen Monat her,

aber ich vergesse sie nie mehr!!!

Ich brauche die Einsamkeit,

verschaffe mir so Klarheit,

über mein weiteres Leben

und mein bestreben.

Du bist nicht mehr da, sondern ich, aber das
tröstet mich überhaupt nicht!

Heute kann ich unseren Stern nicht sehen,

da kann ich noch so lange auf- und abgehen.

Aber warum leuchtet er nicht?

Die Wolken versperren mir die Sicht.

Gestern warst du mir so nah,

unser Stern schien so klar.

Draußen ist es schwarz, stockdunkle Nacht,

wie für mich gemacht.

Ich fühl´ mich immer noch so leer,

vielleicht mache ich es mir doch zu schwer?

Aber ich muss damit selber fertig werden!

Ohne dich, hier auf der Erden.

Ich dachte immer, das mir so etwas nichts
ausmachen würde,

aber es gibt da eine Hürde.

Wir nennen sie Herz,

und sie verursacht viel Schmerz!

ENGEL

Oh, mein Engel mein,

warum lässt du mich allein?

Ich brauche dich und du bist nicht da.

Ist das wirklich wahr?

Ich kann es nicht fassen,

würde das zu dir passen?

Ich kenne dich nicht,

aber aus meiner Sicht,

bist du mir nah,

auch wenn ich dich noch niemals sah!

Ich sah dich im Traum,

aber ich glaubte kaum,

das war nicht wahr,

wen ich da sah.

Meine Kleine kam ganz allein eine Leiter
herunter,

ich wurde plötzlich wieder munter.

Alle Engel schauten ihr nach,

als sie ganz gemach,

zu mir kam.

Da wurde mir warm!

Ich konnte es kaum glauben,

wie konnte man mich meiner Sinne so
berauben?

Und ich konnte nicht verstehen,

dass sie schnell musste gehen.

Bevor sie mich erreichte

und mein Auge sich erweichte,

war sie fort,

ohne irgendein Wort!

Ich war wieder ganz allein.

Aber warum muss das so sein?

Ich kann es bis jetzt nicht verstehen,

aber wie viel Zeit muss noch vergehen?

Es ist so schwer,

oh, mein Engel, ich kann nicht mehr!

Alles ist so furchtbar,

einfach unbegreifbar!

War es wirklich meine Kleine, die ich dort sah?

Ich glaube nicht, dass sie es war.

Mit Flügeln und in weiß,

oh, welchen Preis

muss ich zahlen für Glück.

Bitte, bitte, komm´ zurück!

Sein oder Schein,

oder sollte sie es wirklich gewesen sein?

Und wieder kullern Tränen,

aber ich muss auch erwähnen,

dass ich mich sehr langsam erhole,

und das ist wohl auch zu meinem Wohle!

Bin ich ein Egoist?

Aber damit ihr es wisst,

sie fehlt mir sehr,

von Tag zu Tag mehr!

Ich musste akzeptieren, was geschah,

denn sie ist mir auch so sehr nah!

Jetzt hat sie keine Schmerzen mehr,

und das freut mich um so mehr.

Ich hoffe, es geht dir gut!

Aber es macht mir Mut,

unseren Stern zu sehen,

denn ich weiß, unsere Freundschaft bleibt
bestehen!

Auch wenn wir getrennt sind,

es ist da etwas, was uns verbind´.

Du bist überall, immer nah bei mir,

ich weiß, das ich dich nie verlier´!

Der Tod kann uns nicht trennen,

da wir uns sehr gut kennen.

Wie oft soll ich denn noch leise klagen

und laut sagen,

wie sehr ich dich geliebt?

Und nicht verzagen,

weil es immer einen Nächsten gibt?

Aber nicht für mich,

für mich gab und gibt es nur dich!

Erlösung war es für dich,

und Traurigkeit für mich!

Warum musstest du gehen?

Das kann und will ich bis heute nicht verstehen!

Für meine Kleine alles Gute,

auch wenn ich vermute,

dass du in guter Gesellschaft bist,

und mich vielleicht auch ein bisschen vermisst?

Ich hoffe, du siehst was ich geschrieben habe,

vielleicht nicht heute, vielleicht im Laufe der
Jahre.

Ich konnte dir das alles nicht mehr sagen,

aber ich sollte deshalb nicht verzagen.

Ich sollte hoffen, das du es weißt,

und mir verzeihst,

das ich dir alles nicht mehr selber sagen konnte,
dafür blieb keine Zeit!

Ich hätte dir gern noch so viel gesagt,

aber es blieb keine Zeit für ein letztes Geleit.

Keiner von uns wurde zuvor gefragt.

Deine Zeit war gekommen,

du wurdest mir viel zu früh genommen.

SCHWERE ZEIT

Wie viel Zeit wird mir noch bleiben?

Oh, wer kann mir diese Gedanken vertreiben?

Der Tod und das Leben,

das Nehmen und das Geben.

Diese Kälte in mir,

die stammt noch von dir.

Ich kann sie nicht vertreiben,

sie wird immer in mir bleiben!

Aber auch die Gedanken

habe ich dem Tod zu verdanken.

Sie quälen mich,

kommen einfach über mich,

obwohl schon ein wenig Zeit verstrich´!

Ich bin ganz unten,

aber warum musstet ihr mich verwunden?

Es tut so weh!

Die Wunde ist noch frisch,

aber auch trügerisch.

Ich mime den Guten,

aber in einsamen Minuten...

Warum? Eine Antwort kann ich nicht finden.

Aber eins ist ganz klar,

es wird nichts mehr so sein, wie es mal war!

Und trotzdem wird uns immer etwas verbinden.

SHE

She was mine, oh no, she is mine!

Oh, she was so fine.

Oh Jesus, what happened to my cat?

Which I will never forget!

She was my one and my only!

Now, I´m so lonely.

I can´t understand it, what happened to her?

Oh, I miss her so much!

It is hard to believe it, but it is the truth!

Now, she is my star,

but so very far!

So, I can see my cat,

which I will never forget!

I miss her and love her so much!

VERLUST

Langsam ist mein Leben nicht mehr so schwer,

und ich fühl mich nicht mehr so leer!

Denn unsere Zeit kann uns niemand nehmen.

Ich war in deinem Zimmer,

aber dort ist es nicht wie immer.

Es hat sich verändert,

wie sich bei uns was geändert.

Es ist wie im Traum,

aber trotzdem dein Raum.

Als wärst du niemals bei uns gewesen.

Das kann doch nicht wahr sein!

Du bleibt immer mein!

Als Engel oder als Stern,

egal, ob nah, ob fern,

ich hab´ dich verdammt gern!

Daran wird sich nie etwas ändern,

wie die Grenzen zwischen den Ländern!

Oh, wie du mir fehlst!

Ich hab´ es geahnt,

da du mich gewarnt!

Musste es wirklich so schnell gehen,

konnte nicht erst noch mehr Zeit vergehen?

Oh, werde ich das wohl je verstehen?

Es tut doch so weh.

Zur Erinnerung

an einen ganz besonderen Menschen

Friedmar (1913 – 1997)

KRAFT

Nach langen Jahren,

in denen wir immer lustig und glücklich waren,

musstest du gehen,

aber ich weiß, wir werden uns wiedersehen!

Auf einmal ging alles so schnell,

zu schnell!

Aber was für eine Kraft,

hast du bis zum Schluss gehabt?

Du hast uns entlastet,

dich aber dadurch die ganze Zeit selber
belastet.

Und hatte ich bis jetzt kein Idol,

so habe ich es jetzt wohl!

Bis zum Schluss hast du Spaß gemacht,

und uns damit viele glückliche Stunden
gebracht.

Du hast nie ein Wort über deine Krankheit
gesagt,

sonst hätten wir dich sicher danach gefragt!

Das wolltest du dir ersparen,

und konntest deine Krankheit bis zum Schluss
für dich bewahren.

Du warst halt das „Fritzchen"

und machtest immer deine Witzchen.

Egal, wie dir zumute war,

und dass die ganzen Jahr´!

Deine Kraft bewundere ich,

aber ich frage mich,

woher hast du sie genommen?

Woraus hast du sie gewonnen?

DANKE!

Dank den Menschen, die mir im Leben,

haben Kraft gegeben!

Die mich so mochten, wie ich war,

und das Jahr für Jahr!

Alle, die meine Freunde waren,

Gott möge euch bewahren.

Vor Kummer und vor Leid,

bis in alle Ewigkeit!

KÄLTE

Da ist sie wieder,

wie ein Schleier legt sie sich auf mich hernieder!

Ich fühl mich leer,

mein Herz wird schwer,

aber es kommt noch mehr!

Ich versuche mich zu schützen,

aber es wird nichts nützen,

keiner kann mich stützen!

Ich bin allein und verlassen.

Meine Erinnerung wird auch bald verblassen,

und dann werde ich mich selber hassen.

Das Schicksal schlug schon wieder zu.

Oh, kriege ich denn nie meine Ruh´?

Er ist für immer gegangen,

aber vorher mussten wir bangen.

Er wäre jetzt noch am Leben,

hätte es seine Krankheit nicht gegeben!

Ich hätte noch gerne mit ihm gesprochen,

aber sein Herz wollte nicht länger pochen!

Und wieder steigt die Kälte in mir empor.

Oh, wie komm´ ich mir so nichtig vor.

Kein Freund war für mich in dieser Zeit da.

Das ist traurig und wahr!

Keiner hat mit mir darüber gesprochen.

Alle, alle haben sich verkrochen!

Keine Reaktion.

Keiner sagte bloß einen Ton.

Was soll ich tun?

Ich kann nicht eher ruh´n.

Ich kann nicht einfach weitermachen,

und über blöde Sprüche lachen!

Ich habe es gewusst.

Aber mir wurde es erst bewusst,

als ich vorab im Traum gesehen,

dass er muss gehen!

Ich habe ständig diese Träume,

aber ich weiß, es sind keine Schäume!

Sie quälen mich doch sehr

und werden immer mehr.

Ich habe Angst vor diesen Träumen

und bin ich doch in meinen eigenen Räumen.

Sie sind so echt,

aber doch nicht gerecht!

Dann wird mir heiß, und wieder kalt,

hoffentlich verändern sie sich bald!

Ich bin zu müde, kriege keine Ruh´.

Mir fallen schon bei Tage die Augen zu!

Und trotzdem muss ich weiter leben,

und nach weitaus höherem streben!

Da bleibt keine Zeit.

Aber ich bin noch nicht bereit,

einfach zu lachen

und Späße zu machen!

Der Schmerz sitzt tief,

zu tief.

Es ist zu viel passiert in den letzten Tagen.

Ich kann das nicht auf einmal vertragen!

Es war zu viel für mich,

aber ich bitte dich.

Beruhige mein Herz,

denn tief sitzt der Schmerz!

Zeig mir, wie man sich freut,

und nicht bereut.

Ich will wieder leben.

Das ist mein bestreben.

Erfülle mich mit Freude, schenke mir Sonne

und Wonne.

Lass´ mich die Sorgen vergessen

und das Leben zu genießen stattdessen.

Ich bitte dich nur um ein kleines bisschen Glück,

denn das fällt auch auf dich zurück!

Am Ende meines erstes Notizbuches
machte ich folgenden Eintrag:

Das Buch ist voll,

es war ganz toll!

Das war der erste Streich,

und der zweite folgt sogleich!

ZEIT

Es ist schon lange her,

doch ich fühle den Schmerz noch sehr!

Ich weiß, du bist nicht mehr hier,

aber trotzdem bist du noch in mir.

In mir nagt der Kummer,

es folgt ein Schrei,

ein stummer.

Doch es ist noch nicht vorbei!

Die Leere erfüllt mein Herz,

die Tränen kullern sacht.

Das ist der Schmerz,

der in mir wacht.

Das Herz wird keine Ruhe finden,

muss sich erst an etwas anderes binden.

Ich kann es einfach nicht begreifen,

lasse meine Gedanken schweifen.

Aber nichts fällt mir ein,

um wieder fröhlich zu sein.

Wieso fällt es mir so schwer,

warum kann ich es nicht verstehen?

Die Tränen werden mehr

und ich weiß, es muss noch mehr Zeit vergehen!

Ich kann das nicht ertragen,

dabei hatte ich noch so viele Fragen!

Wir hatten eine schöne Zeit,

aber plötzlich warst du bereit.

Du musstest gehen

und ich werde dich nie wiedersehen.

Ich habe Angst, so allein!

Warum kannst du nicht bei mir sein?

Oh, dieses Gefühl.

In mir herrscht ein Gewühl.

Ich weiß nicht wohin.

Für mich ergibt nichts einen Sinn.

Ich habe Angst vor Leben und Tod.

Aber letztendlich sitzen wir alle im selben Boot.

Trotzdem will mein Herz nicht ruh´n,

und etwas anderes tun.

DAS REINIGENDE GEWITTER

Warum muss ich das machen?

Darf ich denn gar nicht mehr lachen?

Immer die gleichen Sachen!

Ich habe Angst vor diesen Stunden, Tagen,
Jahren.

Wie schnell sind sie dahingefahren?

Doch nun steht die Zeit still,

will nicht mehr weitergehen.

Was sie wohl will?

Ich kann es nicht verstehen!

Wenn diese Angst nicht wär´!

Ich spüre nichts mehr,

ich kann nicht mehr.

Oh, ich fühle sehr:

Angst, Beklemmung, Panik und noch mehr!

Ich weiß nicht mehr weiter!

Ich bin doch erst ganz unten auf der Leiter.

Ein Hilfeschrei ist dies Gedicht,

doch ihr, ihr hört ihn nicht!

Keiner kann mir helfen in meinem Leid,

einzig die Zeit!

Wäre doch nur schon alles vorbei

und ich wieder frei!

Ich hasse diese Quälerei!

Ich fühl mich so klein,

will nicht mehr hier sein!

Es regnet

und auf den Straßen ist mir niemand begegnet!

Auf den Regen folgt Gewitter,

es wird kalt und ich zitter´,

ich bin ganz verstört,

gut, dass mich niemand hört!

Es wird lauter, das Gewitter ist nah!

Dort lauert die Gefahr.

Der Blitz trifft den Baum,

Gischt und Schaum

erfüllen den Lebensraum.

Aus und vorbei –

die Birke ist entzwei,

sie ist hin.

Was hatte das für einen Sinn?

Nun scheint die Sonne wieder,

die Vögel kehren auf die Erde nieder,

und putzen ihr Gefieder.

Die Zeit ist vergangen,

auch das Hoffen und das Bangen.

Ich fühl mich frei und leicht.

Ob das wohl reicht?

Vorbei ist die Wut,

ich habe wieder neuen Lebensmut.

Positives Denken,

kann dir dein Leben lenken

und dir viel Freude schenken!

Der Himmel ist wieder blau

und die Luft ganz lau.

Ich fühl mich so frei,

die Zeit ist vorbei.

Keine Sorgen, keine Schuld,

einfach nur Geduld!

Es geht die Leiter empor,

hier war ich noch nie zuvor.

Was kann es besseres geben,

als ein glückliches Leben?

WIR

Du und ich.

Ich und du.

Du magst mich,

weil auch ich das tu´.

Er und sie,

Sie und er.

Er liebte sie nie,

schlimm, wenn es anders wär´.

Wer liebt hier wen?

Das werden wir noch sehen.

Er liebt sie.

Sie liebt dich.

Und du?

Liebst du mich?

Mir zittern schon die Knie.

Is it true?

Ihr und wir.

Wir und ihr.

Eins sag´ ich dir,

bald geht es dir wie mir.

Sie mit dir

und er mit mir?

Ich sage nein,

das darf doch alles nicht wahr sein!

Es folgt mein 50. Gedicht.
Von mir verfasst und niedergeschrieben am
06.07.1997 in London.

EISZEIT

Die Klimaanlage surrt,

die Tür geht auf.

Jemand murrt,

die anderen sind nicht gut drauf.

Aber die Temperatur geht nicht rauf.

Im Gegenteil, sie sinkt.

Es wird kalt.

Die Anlage blinkt,

die Lage ist geballt.

Und du wirst wieder vollgeschwallt!

Gemecker und Geschrei,

aber das ist dir alles einerlei!

Du ist frei!

Achtest nicht darauf,

schreibst nur alles auf.

Das folgende Gedicht entstand an einem sehr heißen Tag am Strand von Brighton.

AM MEER

Die Sonne, sie sinkt, die Nacht beginnt,

und die Wellen rauschen noch geschwind.

Ich sitze hier am Meer,

fühl´ mich nicht mehr leer

doch einsam bin ich sehr!

Die Wellen rauschen ganz, ganz sacht.

Ich sitze hier, es ist Nacht.

Die Einsamkeit hat mich um den Schlaf gebracht.

ICH WEISS NICHT..

Woher oder wohin.

Ich weiß nicht mehr, wer oder was ich bin.

Ich weiß nicht, wo oder wann mein Leben begann.

Ich weiß nicht, wann ich wieder gehe,

und ob ich alle Abenteuer überstehe.

Aber das klärt sich sicher irgendwann.

Ich weiß nicht, wie mein Lebensweg wird sein,

aber ich hoffe ohne allzu viele Stein´!

Ich weiß nicht wieso, weshalb oder warum?

Deshalb ist der Mensch so dumm!

Ich weiß nicht wie oder was ich bin,

nehme es einfach so hin!

In deine Hände lege ich mein Leben,

vertraue dir, du wirst dein Bestes geben.

Mein Leben ist in festen Händen,

hoffentlich wird es sich zum Guten wenden!

NICHT SCHON WIEDER!

Es ist bald wieder soweit.

Aber bin ich schon so weit?

Ich will nicht - ich muss!

Und das bringt mir Verdruss.

Das ist doch nicht wahr?

Ich erkenne die Gefahr.

Das ist einfach nicht unser Jahr´!

Das es so ist, ist mir klar.

Und trotzdem ist das Ende nah´.

Ich kann keinen klaren Gedanken fassen,

kann dieses Jahr nur abgrundtief hassen.

Wann wird man uns endlich in Ruhe lassen?

Ich höre immer wieder alles, alles wird gut,

dass macht mir aber keinen Mut.

Wird es heute oder morgen zu Ende sein?

Das weiß nur Gott allein.

Ich fühl mich schon wieder so klein.

Muss es schon wieder so bald sein?

Ich könnte schreien!

Das Schicksal ist so verdammt hart.

Aber nicht nur das, auch die Gegenwart!

Mir bleibt aber auch nichts erspart!

Ich weiß nicht wohin mit meinen Gedanken,

überschreite alle Schranken.

Es ist noch nicht soweit,

aber ich bin auch noch nicht bereit!

Zur Erinnerung

an Walter (1900 - 1997)

ABSCHIED

Schon wieder Leid.

Es herrscht die Zeit.

Unsere Zeit –

denn es ist schon wieder soweit!

Er ist gegangen.

Wir mussten lange um ihn bangen.

Doch Gottes verlangen...-

so ist er heimgegangen.

Endlich wird er Ruhe finden.

Doch ich muss mich überwinden.

Es muss weitergehen.

Wer kann das verstehen?

Seine Zeit war abgelaufen.

Ich muss mich zusammenraufen,

muss mich zusammenreißen.

Irgendwann werden wir alle ins Gras beißen!

So ist der Lauf der Dinge,

auch wenn ich zu viel Zeit damit verbringe!

TRAURIGE GEDANKEN

Das Leben ist hart,

wenn man sich nicht etwas Glück aufbewahrt.

Ich habe zwar lange gespart,

aber auch mich hast du nicht davor bewahrt!

Das vierte Mal in diesem Jahr,

das ist doch nicht wahr!?

Warum so oft?

Und ich habe immer gehofft,

du seist mir gut gesinnt!

Doch wie die Zeit verrinnt!

Du hast mir dieses Jahr so viel genommen,

aber was habe ich dafür bekommen?

Nur Kummer, Leid und Schmerz,

erfüllt mein junges Herz!

Das wird auch so bleiben,

wenn ich die schwarzen Schatten nicht kann
vertreiben!

Es liegt in deiner Hand, wie es mir geht

und es um mein weiteres Leben steht!

Du hast mich verlassen,

hast mich ganz allein gelassen!

Ich kann es nicht verstehen.

Aber wie soll es jetzt weitergehen?

Wie viel Leid willst du mir noch zufügen?

Nichts kann mich mehr trügen.

Ich bin tief unten,

aber du musst mich noch mehr verwunden.

Ich finde das es reicht!

Denn es ist nicht so ganz leicht.

Oder hast du noch nicht genug???

IN MEMORIAM

August "Gustel" (1928 - 1997)

STILLER GRUSS

Kann das Leben mir nicht einmal Freude schenken?

Ich muss immerzu an das Schlechte denken!

Wie kann ich Lachen,

mir Gedanken um meine Zukunft machen?

Wenn das Leben es nicht gut mit mir meint,

es regnet, anstatt die Sonne scheint?

Ich wäre gern lustig, heiter und munter,

kriege aber keinen Bissen mehr runter.

Die Welt wäre auch bunter!

Wenn ich am Grab stehe,

auf den Sarg hinuntersehe,

dann weiß ich, dass es besser für ihn ist,

weiß, dass da jemand ist,

der ihn nie vergisst.

Er hatte ein schweres Leben,

deshalb sollten wir ihm vergeben.

Auch für mich ist es nicht leicht,

hat mich doch schon so viel Leid erreicht!

Er wollte schon lange nicht mehr,

wünschte sich das Ende so sehr.

Nun ist es aus –

meine Trauer bricht aus mir heraus.

Ich kann ihn nicht mehr sehen,

wir werden andere Wege gehen!

Ich kann nicht mehr,

mein Kopf und mein Innerstes sind so leer!

OH, DIESES JAHR!

Oh, dieses Jahr!

Nichts ist, wie es einmal war!

Ganze Seen könnte ich füllen,

mit den Löwen um die Wette brüllen!

Nichts, dass mit Erfolg verlief-

Nein! Alles ging schief.

Egal, was ich auch tat.

Ich weiß mir keinen Rat!

Egal, ob Schule oder Privat,

nichts blieb mir dieses Jahr erspart!

Soviel Leid in einem Jahr,

dass ist doch nicht wahr?!

Das Jahr ist noch nicht zu Ende,

aber ich glaube nicht mehr an eine Wende!

Das wäre fast zu schön, um wahr zu sein,

aber nein! –

dieses Jahr ist einfach zu gemein.

Es hat immer nur genommen,

und ich habe nichts dafür zurückbekommen!

Nur schlechte Sachen,

die einen nicht glücklich machen!

Hör auf! – Bitte.

DIE SPUREN VERWEHEN

Die Zeit vergeht,

in der der Wind die Spuren verweht.

Gestern war alles klar.

Aber Heute ist nichts mehr, wie es war.

Die Spuren kaum noch zu sehen,

es wird Zeit, ich muss gehen.

Und der Wind verweht die Spuren,

die da sind wie die großen Uhren.

Irgendwann sind sie verschwunden

und zurück bleiben schmerzende Wunden.

Aber die Zeit bringt vergessen,

über das, was man hatte besessen.

Trotzdem wird sich der Zeiger der Uhr immer
weiterdrehen

und auch der Wind die Spuren verwehen.

Auch deine Spuren sind bald verweht,

oh, wie schnell doch die Zeit vergeht!

DER BAUM DES LEBENS

Der Baum, er steht im Garten.

Wo sind die Menschen, die ihn pflegen?

Lasst ihn nicht zu lange warten,

sonst steht er allein im Regen.

Sagt nicht heute, vielleicht morgen.

Es ist euer Baum,

ihr müsst euch um ihn sorgen.

Aber die Frage steht noch immer im Raum.

Wo habt ihr euch versteckt?

Lasst den Baum einfach verkommen.

Haltet euch mit Masken bedeckt

und habt so eurem Baum das Leben genommen.

Er steht draußen, ist allein.

Ihr seid drinnen, zu zweit.

Und sagt, dass muss so sein?!

Ich finde, das geht zu weit!

Der Baum konnte so nicht leben,

er geht ein.

Was musstet ihr auch nach Höherem streben

und nicht einfach euch treu sein?

Ihr hattet nicht die Zeit,

habt ihr gesagt.

Ihr habt die Augen verschlossen vor all dem Leid

und habt nicht nach dem Baum gefragt.

Er war euch nicht wichtig,

er brachte ja keinen Gewinn.

Aber das ist nicht richtig!

Ihr saht nur nicht genau hin.

Hättet ihr das getan,

hättet ihr eure einzige Chance nicht vertan!

Wärt ihr euch treu geblieben,

hätte ich dies Gedicht ganz anders geschrieben.

FRAGEN

Positives Denken,

was soll das sein?

Dem schwärzesten Tag noch ein Lächeln
schenken?

Jetzt schon an Morgen denken?

Oder ein Lied, wenn du bist allein?

Hoffen auf die Zukunft –

egal was passiert?

Auch wenn die Vernunft

dabei nicht immer pariert?

MENSCHEN

Geliebt, doch nicht gekannt.

Geduldet, doch nicht anerkannt.

Jahre mit ihnen verbracht,

doch hat einer mal an dich gedacht?

Hat sich einer mal um dich gesorgt?

Dich gefragt?

Sie haben alle nur geborgt,

und nichts zu dir gesagt!

Wind weht durch die kahlen Bäume.

Wo? Wo, sind deine Träume?

Wie ein Blatt vom Baum geweht.

Ja, wie die Zeit vergeht!

Keiner hat an dich gedacht.

Keiner hat dir Wärme entgegen gebracht.

Alle haben dich übersehen –

Selbst beim Spazieren gehen.

Kein freundliches Wort,

sie gingen einfach fort.

Wenn sie dich brauchen wirst Du akzeptiert.

Wenn nicht, bist du deplatziert.

Oh, diese Falschheit.

Listige Nattern.

Oh, diese Gleichgültigkeit.

Die Gänse können nur schnattern.

Oh, dieses Gehabe, dieses Getue,

bringt dich aus der Ruhe.

Von Freundlichkeit hier keine Spur.

Bloß, was macht man da nur?

Denn alle sind so stur!

Was sollst du machen ist hier die Frage,

es ist wie eine Plage.

Du hat es satt, so satt.

Immer wieder kommen diese Tage.

Du fühlst dich so müde, so matt.

Wärst gern weit weg von denen,

giftige Drachen.

Du wirst dich nach freundlichen, ehrlichen Menschen sehnen,

die auch dich glücklich machen.

GEDANKEN AN DER KREUZUNG

Tod oder Leben?

Lieben oder Hassen?

Wonach soll ich streben,

womit soll ich mich befassen?

Ich bin an der Kreuzung angekommen.

Welchen Weg soll ich nun gehen?

Bis jetzt habe ich alle Hürden genommen.

Werde ich auch die weiteren überstehen?

Ich muss mich entscheiden.

Was soll ich nur tun?

Ich bin nicht zu beneiden,

muss grübeln, kann nicht eher ruh´n

bis der Weg gefunden,

nach vielen schlaflosen, qualvollen Stunden!

Niemand kann ich fragen,

niemand wird mir meine Antwort sagen.

DIE STILLE DER TIEFE

Hörst du das Meeresrauschen?

Die Tiefe ruft.

Ganz, ganz ruhig lauschen,

dann hörst du die Stimmen aus der tiefen Gruft.

Die Wellen wiegen sacht

und die Sterne leuchten in der Nacht.

Frieden, als wäre nichts geschehen,

doch es war so schrecklich anzusehen.

Das Schiff sank und mit ihm viele
Menschenseelen.

Ein sehr großes, dunkles Grab,

indem so manch einer starb.

Nur wenige wurden gerettet.

Die anderen in das nasse, tiefe Grab gebettet.

Das Schiff sank,

es hatte einen großen Riss im Tank.

Ein Eisberg wurde zu spät gesehen,

deshalb musste das Schiff untergehen.

ZELTLAGER AM MEER

Sand.

Der Strand.

Die Sonne, das Meer.

Es ist schon solange her.

Der Spaß und das Glück,

sie kehren nimmermehr zurück.

Das Scherzen und das Lachen,

so wie all´ die anderen verrückten Sachen.

Die Zelte sind leer und verlassen.

Auch die Erinnerungen langsam verblassen.

Nur die schönsten wirst du nie vergessen.

Denen hast du einen Platz zugemessen.

Freundschaft und Solidarität,

die auch teils heute noch besteht.

LICHT DER WELT

Ein kleiner Stern am Himmelszelt,

ein kleines Licht in dieser großen, weiten Welt.

Du bist überall und ich?

Wer kümmert sich um mich?

Winzig, ganz, ganz klein

und noch dazu ganz, ganz allein.

Petit Prince, bitte pass' auf,

dass die kleine Flamme nicht erlischt!

Achte darauf,

dass ein Leben nicht einfach weggewischt.

Das kleine Licht,

vergiss es nicht!

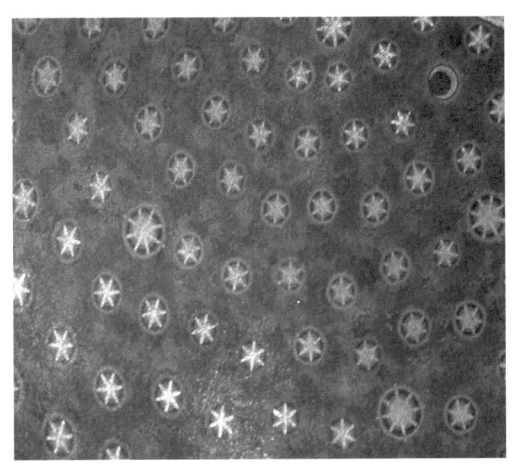

DIE WELLEN

So manche Nacht habe ich hier verbracht.

Was hat es mir gebracht?

Die Wellen wiegen sacht,

doch man wird nur ausgelacht.

Nur, ich habe mir nichts daraus gemacht.

Es war vollbracht.

Die Sonne lacht,

die Wellen wiegen sacht.

Geliebt – gehasst.

Die Erinnerung verblasst.

Geboren – gestorben.

Wie ist die Welt doch verdorben!

Gelacht – geweint.

Und doch wieder vereint.

Die Sonne lacht,

die Wellen wiegen sacht.

TEMPUS FUGIT

Gefühle, Gedanken, sie kommen und gehen.

Auch die Zeit bleibt niemals stehen!

Mal sind sie schön, mal sind sie traurig.

Mal einfach, mal schwierig.

Tempus fugit and I don´t get it!

Das Leben genießen,

etwas schönes begießen.

So sollte es sein!

Aber das Leben ist feige und auch gemein.

Tränen fließen genug,

denn alles war nur Betrug!

Feige und gemein.

Verlassen, also ganz allein.

Erinnerungen vergessen hat keinen Sinn,

sie führen einen doch immer wieder dahin.

Zurück! Oder doch vorwärts?

Meine Gedanken führen Himmelwärts.

Feige, etwas zu sagen,

oder nur nach einer Antwort zu fragen.

Verdammt zum Schweigen – bis in alle Ewigkeit.

Ich bin einfach nicht bereit.

Was soll ich tun, was soll ich lassen?

Mein Leben lieben oder gar hassen?

Ich kann es einfach nicht fassen!

Tempus fugit, but I don´t get it!

Wenn man mir keine Antwort geben will,

bleibt mein Mund verschlossen, ich bin still.

DER STERN

Licht in die Dunkelheit der Nacht,

hat mir mein Stern gebracht.

Stern für die Seele,

dass er mir niemals fehle.

Eine Nacht ohne Licht,

das gibt es nicht.

Das Licht der Sterne,

leuchtet in der Ferne.

Still und klar

seit Millionen Jahr´!

Ich finde es immer wieder wunderbar.

Das „Tausend-Sterne-Hotel" ist sehr begehrt.

Niemandem wird der Zutritt verwehrt.

Es hat für jeden Platz.

Auch für jedes Wort und jeden Satz.

Ein kleiner Stern leuchtet am Himmelszelt,

für dich ist er vielleicht nur klein,

ein kleines Licht.

Für mich bedeutet er die ganze Welt,

wird immer bei mir sein.

Vergiss das nicht!

DIE FRAGE NACH DEM SINN

Weiß nicht mehr weiter,

weiß nicht wohin.

Das Leben geht weiter,

doch ich sehe darin gerade keinen Sinn!

Warum ich hier sitze und schreibe?

Damit ich am Leben bleibe!

Denn die Lehre, die Stille kann ich nicht ertragen.

Ich weiß, ich sollte nicht verzagen!

Alles nur leere Hüllen,

die mein Leben nicht erfüllen.

Was mache ich falsch?

Ständig Druck und Ignoranz!

..und dann gehört dir unser Leben ganz!

Wo bist Du, der mich so lange kennt

und die Sachen beim Namen nennt?

Dieses auf und ab im Leben,

immer ein leichtes Beben.

Harmonie nach der ich mich sehne,

Wand, an die ich mich lehne.

Erstes Haus, letztes Haus

und schon ist dein Leben aus!

Ich weiß nicht wieso, ich weiß nicht warum.

Ich stelle Dir Fragen, doch du bleibst stumm!

Dein Mund bleibt geschlossen.

Manch Träne habe ich deshalb vergossen!

Nur Du weißt wie viele es waren.

Aber ich konnte daran nicht sparen!

Doch wenn ich den Mund nicht verschließe,

ein einziges Wort ihn verließe,

dann bleibst Du trotzdem stille.

Keine Antwort. Ist das Dein Wille?

VIEL GLÜCK!

Die Daumen sind vom Drücken ganz platt,

ich spüre sie kein Stück.

Hoffe, es ging alles glatt!

Ich wünsche dir für morgen erneut viel Glück!

KURZ UND GUT

Kurz und gut,

ich hatte wieder Mut!

Endlich ging es mal bergauf,

ein positiver Verlauf!

Ich weiß nur, es hat mir gefallen.

Akzeptiert zu werden, so wie du ist,

das hatte ich schon lange vermisst!

Aber diese Harmonie ist nicht von Dauer!

Das Böse liegt schon auf der Lauer...

Ich spüre, es wartet hinter der nächsten Mauer.

Gleich schlägt es wieder zu.

Fies und gemein noch dazu.

Ohne Rücksicht auf Verlust!

NEUE GEDICHTE – 2001 - 2022

STILLE

Die Stille ist´s, die mir gefällt.

In einer ach so lauten Welt!

Nur Stille, Stille, kein Geschrei,

dann fühle ich mich frei!

ER UND SIE

Sie ist hier.

Er ist dort.

Sie arbeitet Tag für Tag bis vier.

Er bleibt nicht lange an einem Ort.

Sie arbeitet hart.

Er braucht nicht viel zum Leben.

Sie hat wie verrückt ihr Geld gespart.

Er will nicht nach Höherem streben.

Sie braucht ihn sehr.

Er braucht seine Freiheit,

doch sie will mehr.

Er sagt, er benötigt Zeit.

Ob sie je zueinander finden?

Je ihre Schatten überwinden?

LEBENSSPIEL

Ein dünnes, langes Seil.

Jeder denkt, ja hofft, das hält schon eine Weil´!

Das Ende mit einer Spule verbunden.

So dreht das Seil seine vielen Runden.

DEIN WEG

Geh deinen Weg, mach dich auf die Suche.

Los.

Geh los.

Schau nach vorn, lass Altes zurück.

Es hat ausgedient, du brauchst es nicht mehr.

Das Glück ist nah, mach die Augen auf.

Die Sonne lacht dich an.

Genieße den Moment, du bist JETZT, du bist frei.

Schrei vor Glück, tanz, alles ist gut.

Geh deinen Weg.

Dein Weg, es ist dein Weg.

Du weißt nicht wohin er dich führt, machst dich auf die Reise.

Jeder Schritt bringt dich weiter, bringt dich voran.

CHAOS

Der Kopf ist schwer, der Mund bleibt
verschlossen

Kein Wort.

Stille.

Mund auf und wieder zu.

Auf und zu.

Stille.

Kein Wort.

Doch im Kopf herrscht emsiges Treiben.

Tag und Nacht.

Die Gedanken bleiben.

Sie rasen auf der Gedankenachterbahn.

Jeder will der Erste sein.

Immer schneller, immer weiter.

Weiter fort.

Ein Ende scheint nicht in Sicht.

Jeder gibt Gas, immer mehr Gas, tritt das
Gaspedal durch, um noch schneller zu werden.

Erster werden, Erster sein.

Das Rennen gewinnen.

Ankommen.

Weiter kommen.

Doch was bleibt?

Das Chaos.

DIE SCHAUKEL

Sie ist groß oder eher klein,

sie kann aus Holz oder sogar ein Nest sein.

Du setzt dich drauf

und schon nimmt alles seinen Lauf.

Ein kleiner Stups von hinten

und du kannst Freude in der Luft finden.

Je höher, desto besser,

denkst du, und wirst kesser.

Bekommst mehr Schwung

und wagst den Sprung.

Fliegst durch die Luft,

atmest der Freiheit süßen Duft

und landest dann mit deinen Beinen

auf den bunten Kieselsteinen.

Du denkst, zu kurz war dieser Flug

und du hattest noch nicht genug.

Deshalb beginnst du von vorn mit neuem Schwung

und wagst einen weiteren Sprung.

BERGAUF

Der Weg führt bergauf,

weiter den Hügel hinauf.

Rechts und links hindurch durch die blühenden Felder

und vor dir die dunklen Tannenwälder.

Im Abendlicht liegt alles friedlich da,

so wie es immer schon war.

Einzig ein Hase hoppelt übers Feld

und taucht ein in eine andere Welt.

Der Wanderer hält inne und lauscht,

wie der sanfte Abendhauch durch die Wälder
rauscht.

Der Mond erscheint am Himmel und weist dem
Wanderer den Weg.

Der süße Duft der abendlichen Ruhe breitet sich
aus,

legt sich sanft über jedes Haus.

Der Wanderer setzt seinen Weg fort,

möchte bald ankommen, an seinem Zielort.

Er kann die Hütte auf dem Berg aus der Ferne
schon sehen,

muss trotzdem noch einen recht steilen Weg
gehen.

Der warme Windhauch eines endenden
Sommertages empfängt den Wanderer kurz vor
dem Ziel

und er genießt dieses schöne Gefühl.

Ihm wird ganz warm ums Herz,

dies lässt ihn vergessen jeden Schmerz.

Die letzten Meter fallen ihm nun scheinbar
leicht.

Gleich ist er da, hat er sein Ziel erreicht.

Endlich! Der Wanderer ist am Ziel.

Und der Ausblick auf dem Berg verspricht viel!

Er ist jede Mühe wert,

wurde der Aufstieg auch noch so erschwert.

Das funkelnde Himmelszelt empfängt ihn nun,

und er kann nicht eher ruh'n,

bis er sich daran sattgesehen,

erst dann kann er für eine Auszeit in die Hütte
gehen.

Doch noch steht er auf dem Berg und schaut in
die Ferne,

und über ihm funkeln die unzähligen Sterne.

FERNWEH

Türen zu und los. Das Abenteuer beginnt.

Ich hätte es nie geglaubt, kaum zu träumen gewagt,

dass es mir gelingt.

Keiner hätte dazu „ja" gesagt.

Nun geht es los. Das Abenteuer beginnt.

Die Reise ins Ungewisse startet jetzt.

Leinen Los. Die Segel gesetzt.

Ich kann es kaum erwarten, die Welt zu sehen!

Worauf warten?

Wieso nicht JETZT starten?

Es wird sowieso niemand verstehen.

Fernweh kommt und Fernweh bleibt,

so, wie der Wind weiter die Wolken vertreibt.

Es wird wieder Zeit, neue Abenteuer warten.

Wieso nicht JETZT, sofort starten?

Schließe die Augen, atme tief ein und wieder aus.

Dieses Kribbeln im Bauch,

fühlst du das auch?

Ich musste mich befreien, musste wieder raus.

Raus in die Welt.

Egal, ob es anderen gefällt!

Die Sehnsucht nach der Ferne, sie war zu stark.

So stark, das ich es kaum in Worte zu fassen vermag.

JETZT geht es endlich los. Die Freiheit spüren.

Mein Herz berühren.

Die Weite, dieses Land.

Oh, wie habe ich das vermisst!

Wieder unter Menschen sein, wo du alles andere vergisst!

Mit der Freiheit Hand in Hand.

Diese unbeschreibliche Gefühl nach Freiheit.

Es war wieder an der Zeit!

DER WEIHNACHTSBAUM

Da steht er nun in voller Pracht,

die Zweige biegen sacht,

sich durch den Schmuck den er nun trägt.

Der Weihnachtsbaum hat schon viele
Generationen vor uns geprägt.

Strohsterne, Kugeln, Glocken,

lassen dem Betrachter ein Staunen entlocken.

Schleifen, Äpfel, Kerzen,

erwärmen die Herzen.

Jedes Jahr wieder erhellt er die Stuben,

erfreut Mädchen und auch die Buben!

Oh, dieser Duft

der Nadeln erfüllt die Luft.

Er kündigt große Dinge an.

Kinder, morgen kommt der Weihnachtsmann!

Wie die Kinderaugen nun strahlen,

dass lässt sich wahrlich nicht malen!

Das fängt auch keine Kamera ein,

Diese wahre Freude der Kinder, so unschuldig
und rein.

Die Kinder können es kaum erwarten,

würden am liebsten sofort mit Weihnachten
starten.

Aber, es bleibt die Geburt von Jesu abzuwarten.

Sie müssen noch eine Nacht geduldig sein,

dann bricht der Friede der Weihnacht über uns
alle herein.

JEDES JAHR AUFS NEUE

Und jedes Jahr aufs Neue,

singen wir die selben Lieder,

vom Christkind, das kommt auf die Erde nieder,

auf dass sich jeder freue!

Alle Jahre wieder,

singen wir die selben Lieder.

DIE BIRKE

Mit dem Spaten ein Loch in die Erde zu graben,

um den jungen Setzling darin zu versenken,

ihm ein freies Leben zu schenken

und sich an seinem Wachstum zu laben.

Eine Birke hat mir einst gefallen.

Ihrer äußeren Erscheinung war ich gleich
verfallen.

Die weiße Rinde,

die hängenden Zweige,

sie wiegen im Winde

sich so schön zu neige.

Das Rauschen der Blätter,

gerade bei windigem Wetter

erzählt ihre einzigartige Geschichte

und lässt sie erscheinen in besonderem Lichte.

Der Wind bittet zum Tanz

und die Birke erstrahlt in vollem Glanz.

Das ich mich jedes Mal aufs Neue,

an der Birke Anblick erfreue!

Sie wächst von Jahr zu Jahr

weiter in den Himmel hinein.

So wie es immer war

mit ganz viel Sonnenschein.

Ihre Wurzeln reichen bis tief in die Erde

auf das sie stetig weiter wachsen werde!

Und ich mich weiter an ihr erfreue,

jedes Mal aufs Neue!

ÜBER DAS LEBEN

the first love

hope

more hope

the breaking

Am Anfang war die Liebe,

zunächst nur ganz feine, zarte Triebe.

Aus SIE und ER wurde WIR

und sie taten viel dafür.

Die Jahre vergingen,

wie die Blätter, die Jahr für Jahr an den Bäumen hingen.

Im Herbst fielen sie vom Baum,

sie bemerkten es kaum.

Das Leben war ein schöner Traum!

Doch Träume währen nicht von Dauer!

Erst hinterher sind wir immer schlauer.

Doch betrachtet man die Geschichte genauer,

das Schicksal liegt schon auf der Lauer.

Bereit, bald zuzuschlagen.

Vielleicht schon bald, in wenigen Tagen?

Man kann es nur erahnen.

Aber wen sollte man warnen?

Sie haben alles getan, jeder auf seine besondere Weise

doch ganz, ganz leise

ging sie auf ihre eigene Reise.

Die Liebe war fort,

sie ging ohne ein letztes Wort.

Auch das WIR war plötzlich verschwunden,

welches SIE und ER miteinander hatte verbunden.

Das nun folgende Gedicht entstand am 06.03.2022 auf dem Weg zu einem Ort, an dem das Träumen so leicht fällt!

FREIHEIT

Und los geht die Reise,

auf die altbekannte Weise.

Es geht an meinen Sehnsuchtsort,

weit, weit fort.

Dort fühle ich mich frei,

alles andere ist mir einerlei,

der ganzen Welt lautem Geschrei!

Was kümmert mich heute das Morgen?

Heute bleibt es mir verborgen.

Heute will ich davon nichts hören,

will von allem nichts herauf beschwören.

Ich will ein paar Tage allem entfliehen

und mich dem Negativen entziehen.

Für ein paar Tage die Freiheit wieder spüren,

die Freiheit wird meine Seele berühren.

Etwas anderes sehen, etwas anderes hören

und keiner wird mich dabei stören.

Das lasse ich einfach nicht zu,

ich schließe die Tür, genieße die Ruh´!

Freiheit, sie ist mir so wichtig,

alles andere ist gerade so nichtig!

Etwas anderes riechen, etwas anderes schmecken.

Frei sein, sich nicht mehr verstecken.

Laufen, gehen, weite Strecken

und dabei die pure Freude am Leben wieder entdecken!

Das ist mein Ziel an diesem so tollen, fernen Ort.

Ich will hier bleiben, will gar nicht mehr fort.

Die Lebensgeister sind wieder da,

hier fühle ich das pure Leben, wie wunderbar!

Das folgende Gedicht entstand am selben Tag.

ÜBER DEN WOLKEN SCHWEBEN

Wir heben einfach vom Boden ab, wer hätte das gedacht?

Von hier oben wirkt die Welt so klein,

alle Ängste, alle Sorgen scheinen weit, weit weg zu sein.

Von hier oben wirkt die Welt so friedlich,

alles scheint so winzig, so niedlich.

Die Wolken überziehen die Welt mit ihrer weißen Pracht,

die Sonne dazu strahlt und lacht.

Wie still und friedlich alles von hier oben scheint.

Doch unter der Wolkendecke wird aktuell viel geweint.

Ein einsamer, alter Mann hat nicht nachgedacht,

und ein Feuer der Zerstörung entfacht.

Einfach so, einfach über Nacht.

Viele hat dies bisher um den Schlaf gebracht.

Der Mond über allem wacht.

Die Sterne scheinen sanft, sie scheinen sacht,

so, als hätten sie nie etwas anderes gemacht.

Hier oben herrscht die Stille,

hier oben hört man keine Klagen.

Hier oben regiert Gottes Wille,

hier gibt es kein Verzagen.

Alle sind gleich,

wie wird mir ums Herz ganz weich!

Der Kummer scheint weit weg und auch die
Sorgen,

sie scheinen unter dem Wolkenmeer verborgen.

Doch jeder Flug ist nicht von Dauer,

irgendwann durchbrechen wir wieder die
Wolkenmauer.

Da liegt sie vor uns die Welt,

die gerade, so scheint es zumindest,
auseinander fällt.

Da sind sie wieder, die Sorgen -

wie wird es morgen?

Und auch der Kummer,

Aber das ist eine andere Nummer.

Was hoch oben, über den Wolken schien so klein,

scheint nun wieder in all seiner Pracht präsent zu sein.

Die Sorgen

um das Morgen.

Ach, so einfach wäre der Frieden,

aber das hat ein alter Mann anders entschieden.

Die Frage bleibt, wie kann es wieder Frieden werden,

hier auf Erden?

Frieden für uns alle, egal ob groß oder klein,

das MUSS doch möglich sein!

Vielleicht lenkt der einsame, alte Mann doch noch ein?

Die Hoffnung darauf sollten wir auf gar keinen Fall aufgeben,

nicht in diesem Leben!

Es ist nie zu spät, um aufzugeben

und sich gegenseitig zu vergeben!

Diese, unsere Welt ist doch zu kostbar, zu schön,

als sie zu zerstör´n!

Frieden auf Erden,

so soll es BITTE wieder werden!

Egal, was ist geschehen,

die Welt, sie wird sich weiter drehen,

auch wenn wir es vielleicht nie werden
verstehen!

Plötzlich ist es wieder so weit,

wir kehren auf diese Erde nieder.

Die Sonne schenkt uns bis zur Landung ihr
Geleit.

Die Realität hat uns unversehrt wieder.

THEATER

Der Vorhang geht auf!

Das Spiel nimmt seinen Lauf.

Er trifft auf sie

und weiß sofort, das ist die,

die Eine, mit der er sein Leben verbringen will.

Das Publikum schweigt und lauscht still,

wie er seine Bemühungen um sie beginnt

und dabei die Zeit verrinnt.

Scheinbar ist sie nicht interessiert,

was ihn nicht weiter irritiert.

Im Gegenteil, er scheint nun noch mehr
fasziniert.

Sein Werben geht weiter,

Er war noch nie bereiter.

Alles zu geben,

für ein besseres Leben.

Ein Leben zu zweit,

bald ist es soweit.

Noch ist er nicht am Ziel,

doch es fehlt nicht mehr viel.

So langsam erreicht er ihr Herz,

erleidet dafür viel Schmerz.

Aber sie ist es ihm wert

und langsam ist es auch so, umgekehrt.

Sie gibt nach,

öffnet für ihn ihr Gemach.

Am Ende wird im Theater meist alles gut,
die Liebe besiegt meist die Wut.

Das Stück ist zu Ende,

der Vorhang fällt,

welch glückliche Wende,

die dem Publikum sichtlich gefällt.

EINE KURZE PAUSE

Der Tag neigt sich dem Ende zu,

alle Menschen kommen so langsam zur Ruh´.

Die Vögel verstummen,

man hört nur noch hier und da ein leises
Summen,

von den Autos, die aus der Stadt heraus
brummen.

Das Wasser der Themse fließt wieder ruhig
dahin,

langsam ergibt alles einen Sinn.

Die Sonne geht unter,

der Mond wird wieder munter.

Die Sterne erleuchten die Erde,

auf das es wieder Frieden werde.

Alles wird still,

weil Gott es will.

Eine kurze Pause von weltlichen Gedanken tut
nun allen gut,

um zu schöpfen neuen Mut.

Der nächste Tag eilt schon heran,

die Zeit schreitet schnellen Schrittes voran.

Der Tag eilt schon herbei,

bald ist die sanfte Ruhe der dunklen Nacht
vorbei!

Die vielen wirren, eifrigen Gedanken eilen wie
von selbst wieder herbei.

Kaum ist der neue Tag angebrochen,

kommen sie alle in unendlicher Zahl heimlich
und leise angekrochen.

Plötzlich sind sie alle wieder da,

so, wie es auch gestern schon war.

Sie sind stets ungebetene Gäste,

ungefragt breiten sie sich aus,

bereiten ihrem Gastgeber Maläste,

gehen einem nicht mehr aus dem Kopf heraus,

nisten sich dort ein,

wollen scheinbar nirgends anders sein,

oh, wie gemein!

So hofft auf die dunkle Nacht,

sie bringt sie zum Schweigen,

dann haben sie keine Macht,

können sich für eine kurze Zeitspanne nicht
zeigen.

Der Tag neigt sich dem Ende zu,

alle Menschen kommen so langsam zur Ruh´!

Der Mond spiegelt sich in der Themse wieder,

die Vögel stimmen ein in altbekannte Lieder,

die Sterne funkeln vom Himmel hernieder,

morgen kehren sie bestimmt alle wieder.

ZURÜCK IM ALLTAG

Wieder zurück im Trubel des Tages,

ich höre es und ertrag´ es,

denn ich habe keine andere Wahl

und so erhöht sich der Druck, die Qual,

ein ums andere Mal.

Es scheint der Kreislauf meines Lebens,

doch ich hoffe letztlich vergebens.

Es gibt kein Entrinnen,

ich spüre es mit all meinen Sinnen.

Kein Ausweg, kein Start in ein neues Leben,

oh, ihr müsst mir vergeben.

Verzeiht, dass ich nicht nur fröhlich bin,

aber gemeinsam kriegen wir das wieder hin.

Gemeinsam ist es schon schwer,

allein sein noch viel mehr.

Allein alles zu ertragen,

trotzdem immer Neues zu wagen.

Das kostet Kraft, das erfordert immer wieder Mut,

da bleibt kaum Zeit für die Wut.

Ja, Wut! Weil dich alle gern mal übersehen.

Keiner fragt dich, wie es dir geht.

Auf der Straße bleibt keiner wegen dir stehen,

nur du spürst, wie der kalte Wind vorüber weht.

Für sie bist du Luft.

Was bleibt, ist der Duft.

Der bittere Duft des Vergessens.

IM GARTEN STEHT EIN PFLAUMENBAUM

Im Garten steht ein Pflaumenbaum

steht dort einsam, nimmt sich seinen Raum.

Die Sonne scheint auf ihn hernieder,

die ersten Triebe künden wieder,

das der Frühling eingekehret ist.

Schmerzlich wurde er vermisst.

Die Meise findet einen Ast,

verweilt dort für eine kurze Rast.

Dann fliegt sie weiter,

zwitschert dabei heiter.

Auch die Bienen fliegen fleißig umher,

die Sonne genießen sie alle sehr.

Sie scheint und bietet dem Baum zu wachsen an,

wenn er das noch kann.

Der Pflaumenbaum ist von den Tieren umgeben,

seine Blüten sind für sie ein Segen!

DER TRAUM

Der Wecker durchbricht die Ruhe der Nacht,

ein neuer Tag unsanft erwacht.

Dur wirkst noch benommen,

hast den Wecker nur vage wahrgenommen,

der dich nun unsanft hat geweckt.

Der schöne Traum ist plötzlich vorbei.

Am liebsten hättest du dich weiter unter deiner warmen Decke versteckt.

Aber das Signal ist dir nicht einerlei.

Das sollte es auch nicht!

Denn sie ruft wieder, die tägliche Pflicht.

Du reibst dir müde die Augen, hängst noch dem Traum hinterher.

Ach, war das schön, so ein Tag am Meer.

Im Traum am Strand spazieren gehen,

den Wind um die Nase wehen.

Das Salz spürst du noch auf der Haut,

es fühlt sich alles so vertraut.

Du fühlst dich noch so leicht und frei,

bis es plötzlich anfing, das laute Geschrei.

Wer stört meinen Traum?

Wer bringt mich so grausam zurück in diesen kleinen Raum?

Der Wecker gibt dir das Zeichen.

Der Traum muss nun dem neuen Tag weichen.

Es ist an der Zeit, den Traum loszulassen

und sich wieder mit der Realität zu befassen!

Für S. F. E.

MOMENT

Du bist da und ich bin hier.

Völlig unerwartet stehst du nun vor mir.

Unsere Wege kreuzen sich.

Ich sehe dich.

Du entdeckst mich.

Du schaust mich an,

deine blauen Augen ziehen mich in ihren Bann!

Ich kann den Blick nicht von dir lassen

und kann mein Glück kaum fassen,

möchte es nicht nur bei einem kurzen
Augenblick belassen,

aber mein Mund bleibt stumm.

Oh, wie dumm!

Deine sanften Augen ruhen weiter auf mir.

Der Worte bedarf es keine,

deine Augen wissen, was ich meine

und so stehen wir nun hier.

Du siehst mich,

ich beobachte dich.

Mein Kopf ist plötzlich leer,

etwas zu sagen, fällt mir unglaublich schwer!

Dabei hätte ich doch tausend Fragen,
würde dir nur zu gern etwas Wichtiges sagen!

Aber mein Mund bleibt weiter stumm.

Oh, wie dumm!

Um deine Augen bilden sich langsam kleine,
feine Falten.

Oh, wie möchte ich den Augenblick festhalten!

Mit einem Lächeln auf deinen Lippen, nickst du
mir stumm zu

und setzt deinen Weg fort,

gehst allein an einen anderen Ort.

Oh Herz, komm bitte wieder zur Ruh´!

Ich bleibe weiter stumm, bin jetzt ganz starr.

Eben warst du mir noch so nah.

Ich bleibe weiter regungslos stehen,

kann dich aber nicht mehr sehen.

Oh, dieser flüchtige Augenblick,

er kehrt nicht mehr, nie mehr zurück!

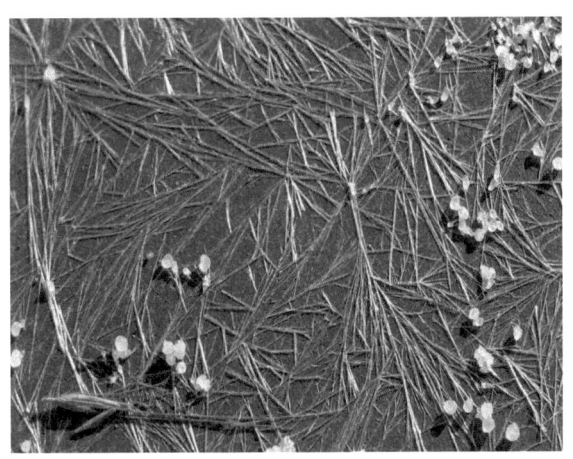

AUF DEM WEG

Es war wieder soweit,

ich war für eine neue Reise bereit!

Das Fernweh war einfach zu groß,

ich musste wieder los.

Raus, in die weite, bunte Welt,

die mir zugegebenermaßen sehr gut gefällt.

Etwas erleben, etwas sehen,

wieder mit beiden Beinen im Leben stehen!

Die Sehnsucht war einfach zu groß,

ich musste wieder los.

Reisen, die Welt erkunden,

den Globus weiter umrunden.

Und doch gefällt es mir gerade sehr an einem bestimmten Ort.

Oh, am liebsten bliebe ich für immer dort!

Erstmal geht es durch die Luft,

um von oben auf die Welt zu sehen

und vielleicht ein wenig zu verstehen,

der Freiheit süßer Duft.

Kein Kummer, keine Sorgen.

Sie kommen schon von alleine wieder, aber bitte erst morgen.

Hier oben scheint die Zeit still zu stehen,

dabei wird sie wie im Flug vergehen.

Aber das ist jetzt nicht wichtig,

denn hier oben fühlt sich alles so gut an, so richtig!

Der Kummer, die Sorgen, alles so nichtig!

Die Sonne lacht die Wolken an,

heute ist die pure Lebensfreude dran!

Kein Kummer, keine Sorgen, das hat alles Zeit bis morgen!

Der weiße Wolkenteppich in der Sonne strahlt,

kein Maler hat ihn je schöner gemalt!

So unschuldig, so rein.

Kann Frieden schöner dargestellt sein?

Ich denke, nein.

Aber das soll nur meine bescheidene Meinung sein.

Der Kummer, die Sorgen, sie liegen unter dem Wolkenteppich sanft verborgen.

Darum kümmern wir uns morgen.

Jetzt genießen wir den Frieden, diese Stille,

wie durch eine rosarote Brille.

SCHÖNE AUSSICHT

Ich sitze hier

und genieße die Sicht.

Nur Wärme, nur Sonne, mehr braucht es nicht.

Ich habe frei

und was ist schon dabei?

Sich Zeit zu nehmen

und einfach mal nur zu leben?

Anstatt die meiste Zeit nur zu geben

und für andere da zu sein.

Der Tag heute, der ist ganz und allein mein!

Die Rad Cam vor mir in voller Pracht

durch die vielen Menschen zum Leben erwacht.

So viele Sprachen, so viele Nationen.

Jeder macht Fotos, der weite Weg muss sich schließlich lohnen!

Ich kann mich gar nicht sattsehen,

möchte nur hier sitzen und gar nicht mehr weggehen.

Der Anblick ist so schön, so wunderbar,

das will ich mir für ewig bewahr´.

Eigentlich nur ein rundes Sandsteingebäude,

bereitet es mir so viel Freude.

Die Rad Cam entlockt mir ein dauerhaftes
Lachen,

ich bin machtlos, kann gar nichts dagegen
machen.

Es tut so gut, hier zu sein!

Hier zu sitzen, im schönsten Sonnenschein.

AUSZEIT IM PARK

Es ist keine Wolke am Himmel zu sehen,

ab und zu weht glücklicherweise eine kühle
Brise,

ansonsten würde die Hitze zu sehr stehen.

Schatten spenden die Platanen den Menschen
auf den Bänken und der grünen Wiese.

Mensch, so lässt es sich aushalten,

so kann die Zeit langsam vergehen.

Das Wasser der Themse glitzert durch die
Sonne,

es zu beobachten, welch eine Wonne!

Die Schiffe gleiten langsam auf der Themse dahin,

glaubt mir, hier ergibt das Leben einen Sinn!

Hier fühle ich mich frei,

alles andere ist mir einerlei!

It´s such a wonderful place to be

and to feel free!

Das London Eye dreht langsam seine Runden,

über den Tag verteilt, sind es einige Stunden.

Einige glückliche Momente sind damit verbunden.

Nebenan, in Westminter, werden wichtige Entscheidungen getroffen,

wir alle können nur hoffen,

alles wird gut!

Alles wird besser, alle schöpfen neuen Mut.

So viele Menschen sind hier

und ihnen geht es bestimmt wie mir.

Sie genießen hier ihre Zeit,

alles andere scheint unsagbar weit,

ganz weit entfernt, scheinbar unsichtbar.

Oh, das wäre doch wunderbar!

PLATANE

Welch mächtige Erscheinung mit scheinbar
bunter Rinde

und die vielen Zweige mit den Blättern wehen so
herrlich im Winde.

Schatten spenden die vielen Blätter,

sehr angenehm, gerade bei so heißem Wetter!

Sie strecken sich der Themse entgegen.

Oh, dieses feine Geräusch,wenn sie sich im Wind bewegen.

Die Früchte scheinen stachelig und rund,

sie zu essen wäre eher nicht gesund.

Erst grün, dann braun,

lassen sie den Betrachter erstau´n!

Auch sie hängen mit den Blättern an den Zweigen herunter.

Die Platane wirkt durch sie lebhafter, ja munter.

ABKÜHLUNG

Oh, diese Hitze,

die Temperaturen erreichen heute eine neue Spitze.

Was soll ich sagen?

Dank der zahlreichen Platanen lässt es sich ganz gut ertragen!

Auf einer Bank unter ihnen zu sitzen,

lässt mich weit weniger schwitzen.

All der Tage schwere Last,

kommt meine Seele hier nun zur Rast!

Kein MUSS, nur ein KANN

und ein vielleicht irgendwann.

Einfach und schlicht in den Tag hinein leben

und nicht nach Höherem streben!

Ein Leben voller Genuß

und mal ohne Verdruß.

Links Westminster, rechts davon das London Eye

und schon sind meine Gedanken frei.

Ich lasse ihnen freien Lauf

und vertraue darauf,

dass sie ihren Weg finden

und diesen mit viel Positivem verbinden!

Mit vielen schönen Erinnerungen an die heutige Zeit,

denn die nächste Reise ist noch weit.

Die Wellen der Themse brechen sich an der Mauer,

doch das Rauschen ist nicht von Dauer.

Es lässt ein kühles Lüftchen herüber wehen.

Hier will ich bleiben, will gar nicht mehr gehen.

Ich will gar nicht mehr fort,

fort von diesem wunderbaren Ort.

Von der Themse her weht ein Duft,

er verbreitet sich rasch durch die kühle Luft.

Ich schließe die Augen und atme tief ein,

so erinnert er mich an das weite Meer

und das erfreut mich sehr!

Dort ist die Luft ebenso frisch und rein.

Aber ich möchte jetzt nur hier sein!

Nur hier, an diesem Ort.

Ich möchte am liebsten gar nicht mehr fort!

DIE WELT VON OBEN

Die Welt von oben zu sehen

und die Wolken, die ganz langsam weiter gehen.

Die Welt scheint so klein,

noch mehr ein Grund dankbar zu sein.

Hier sein zu können

und sich dieses Erlebnis zu gönnen.

Oh, wie ist die Welt von hier oben so schön.

Das wird mir in der Luft erst richtig bewusst

und ich bekomme Lust,

sie so bald wieder von hier oben zu seh´n.

Die Felder, Häuser und Wiesen da unten,

eine Freude sie von hier oben zu erkunden.

Das Meer erscheint wie ein kleiner Fluss,

die Schiffe sind kaum zu erkennen.

Es bringt mir ein klein wenig Verdruß,

dass wir mit der Zeit um die Wette rennen.

Das Flugzeug setzt schon wieder zur Landung an,

viel zu kurz war dieser Flug,

denn ich kriege von der Aussicht hier oben
scheinbar nie genug!

Schade, dass es nicht länger dauern kann.

Von hier oben sieht alles so friedlich aus.

Langsam nähern wir uns wieder der alten Welt

und ich halte es kaum aus,

weil es mir hier oben so gut gefällt.

DANKSAGUNG

Mein Dank geht an meine Familie, die sich gerade meine frühen Gedichte immer wieder geduldig angehört und mich ermutigt hat, weiter zu machen. Ohne euch würde es die mittlerweile über 100 Gedichte nicht geben!

Herzlichen Dank dafür!

INHALTSVERZEICHNIS

Meine ersten Gedichte von 1990 – 2000

Neue Gedichte – 2001 - 2022